AF227311

DE LA

PACIFICATION POLITIQUE

EN FRANCE

A LA FRANCE

DE LA

PACIFICATION POLITIQUE

EN FRANCE

> L'existence de gouvernements politiques est la preuve la plus évidente de l'imperfection de notre civilisation, puisqu'à l'intérieur ils conduisent à la guerre civile et à l'extérieur à la guerre entre les peuples.
> (Page 22.

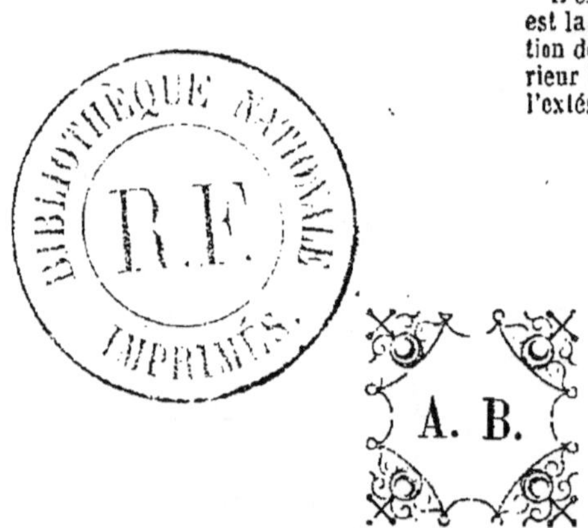

A. B.

BORDEAUX

IMPRIMERIE DUVERDIER ET Ce (DURAND, DIRECTEUR)

rue Gouvion, 7

—

Novembre 1871

—

AVANT-PROPOS

Depuis 89, il a été d'usage, chez les membres du gouvernement qui succédait à celui qui venait de tomber, de faire de hautes combinaisons politiques, d'user de réticences, de subtilités, de roueries; en un mot, de jouer au fin, quand il était si beau et si sûr d'être honnête, et d'agir avec loyauté.

On peut bien tromper, pour quelque temps, les esprits de bonne foi, mais on oublie que, lorsque la lumière se fait, les dupes deviennent autant d'ennemis acharnés et irréconciliables.

Il s'ensuit donc que la guerre politique recommence, et que le gouvernement établi perd peu à peu ses forces.

L'homme politique, à quelque parti qu'il appartienne, aime naturellement l'opposition. Pour peu qu'un parti ait un chef énergique et supérieur, il peut, à un moment donné, être plus fort que le gouvernement lui-même, par l'adjonction des partis opposants.

La conséquence naturelle des combinaisons politiques, qu'on avait si laborieusement échafaudées, se traduit donc par une révolution, et cette révolution, portant en elle-même, comme celles qui l'ont précédée, un germe d'impuissance, engendrera une autre révolution. Jamais de trève!

Qu'il est amer de penser que les forces vives d'une nation, que les intérêts et la prospérité de tout un peuple s'usent à détruire ce qu'on a établi avec tant de soins et de sacrifices!

Pour notre honneur, comme dans notre intérêt, il y a donc lieu de chercher à détruire ces causes de perturbations périodiques, et à nous préserver des crises désastreuses qu'amène immanquablement, la chute d'un gouvernement.

Aux grands maux, les grands remèdes, dit l'axiome. Tel j'ai pensé, tel je me suis efforcé de faire. Si le remède que je propose ne peut pas guérir la France, le glorieux malade n'y perdra rien et son mal n'empirera pas. Si, au contraire, il suffit amplement à détruire le virus politique, la France est sauvée, et nous aurons encore une patrie.

N'oublions pas l'Espagne, qui s'est affaissée sous le poids de ses partis, et qui n'est plus. Je dis que l'Espagne n'est plus : lorsqu'un étranger règne sur une nation, on peut dire que cette nation est morte.....

Fort de cette croyance, que les divisions politiques sont la ruine des nations, je n'appartiens, je l'avoue, à aucune coterie, à aucun parti.

Trop fier pour être le complaisant servile des ambitieux, je n'aime que la France. Est-ce que la France n'est plus de beaucoup au-dessus de tous les partis et de tous les prétendants?

Ayant fait cet aveu, je vais le développer par des observations que je crois justes.

Pourquoi, par exemple, éclipser l'idéal sublime de la France par la fleur de lys, le bonnet phrygien, l'aigle, ou le coq gaulois? Est-ce que l'image de la France n'est pas pas majestueuse, plus auguste, plus digne de respect que ces emblèmes personnels, qui sont comme un défi jeté aux partis qui ne règnent pas? Est-ce que le nom seul de la France, qu'on répète avec admiration par tout l'univers, n'est pas plus imposant et plus glorieux que ces affreux écussons?

Pourquoi nos monnaies ne portent-elles pas uniformément en exergue, ces mots *suffisants caractéristiques, significatifs* : GOUVERNEMENT FRANÇAIS ou NATION FRANÇAISE; au lieu de CHARLES X, ROI DE FRANCE; LOUIS-PHILIPPE Ier, ROI DES FRANÇAIS; NAPOLÉON III, EMPEREUR; ou RÉBUPLIQUE FRANÇAISE?

Pourquoi cet étalage vaniteux du parti régnant? Est-ce là la voie de la conciliation? Est-ce là le moyen d'apaiser les esprits et de leur faire accepter le régime existant? Non! non!..... Pour apaiser, pour concilier, il faut savoir régner sans faire sentir sa puissance; il faut savoir exister sans froisser la croyance et l'opinion de personne.

Changeons donc de méthode en devenant sages. Adoptons des formules qui ne blessent aucun parti, et la conciliatiou revêtant toutes les formes, effacera promptement les divisions politiques, qui nous ruinent et nous déshonorent.

Par la filiation même de mes idées, cet avant-propos est devenu un acheminement vers la conciliation. Espérons, cher lecteur, que les pages qui vont suivie, vous convaincront davantage, et que, dans un avenir prochain, dépouillé du vieil homme, de l'homme de parti, vous crierez avec moi, dans votre amour pour la patrie : VIVE LA FRANCE! Il est si beau, et si doux au cœur, ce nom prédestiné ! Allez le demander à ceux qui sont privés du ciel français! Allez le demander à nos frères d'Alsace et de Lorraine !

Ce n'est point l'éloignement des Bourbons, des Napoléons, des d'Orléans, de la République, qui les afflige. C'est le manque de patrie, c'est l'absence de la France! Imitons nos fréres régénérés par le malheur. Que, pour nous, la France soit au-dessus de tous les personnages, de toutes les coteries et de tous les partis. C'est le seul moyen de la sauver, de la faire vivre, et de la faire triompher.

Puissiez-vous le comprendre, cher lecteur.

Je termine cet avant-propos, en vous demandant une faveur : Pardonnez mon style, et ne tenez compte que de l'idée ; ce ne sont point les rudes travaux de la terre qui donnent une plume souple et facile.

A. BARBIER, cultivateur.

Arcachon, ce 15 octobre 1871.

PACIFICATION POLITIQUE

EN FRANCE

Quand on songe que, depuis bientôt un siècle, aucun gouvernement n'a pu exister vingt ans en France, c'est avec une légitime inquiétude qu'on envisage les incertitudes de l'avenir. Car, étant divisés comme nous le sommes, quel gouvernement pourra rester debout? Quel gouvernement sera assez sage, assez supérieur pour s'imposer moralement et empêcher les partis qui ne règnent pas de cabaler contre lui?

Aucun, assurément, l'expérience l'a prouvé.

En supposant, en effet, que la République soit admise comme principe politique de gouvernement, n'aura-t-elle pas toujours contre elle les trois partis monarchiques qui s'allieront pour la renverser? En supposant également que l'héritier des Bourbons, des Napoléons ou des d'Orléans s'empare du pouvoir, ne verra-t-il pas les deux partis adverses s'allier aux républicains pour lui créer une opposition formidable et tâcher de le renverser à son tour?

Voilà pourtant, sans ambages, la perspective qui s'offre à notre malheureuse patrie.

Est-ce qu'un peuple aussi grand que celui de la France devrait permettre les manœuvres déloyales, malhonnêtes et toujours empreintes de platitudes de ceux qui ont la prétention de gouverner avec équité, honnêteté et dignité? Est-ce que, sans se renier, il peut abandonner les destinées nationales aux chances de l'imprévu et aux hasards des révolutions? Voyez, une révolution est accomplie depuis un an. Que désire unanimement le peuple français? que veut-il? Il l'ignore. Et, dans son incertitude, quel effort intelligent, sérieux, viril, tente-t-il pour se défaire du marasme qui l'accable? Aucun, en quelque sorte. Il semble que toute sa sagesse et toute sa science soient contenues dans ces interrogations : Vivrons-nous en République ou vivrons-nous en monarchie? Si la monarchie triomphe, quel sera le principe vainqueur? sera-ce celui des Bourbons, des Napoléons, ou celui des d'Orléans?

Sérieusement, que penser d'un peuple dont la débilité l'oblige à se demander : qui me conduira? qui me protégera? qui m'imposera sa volonté?...

Est-ce qu'un grand peuple peut accepter bêtement pour l'avenir une situation aussi piteuse et aussi ridicule? Est-ce qu'il peut espérer vivre dans la démence, dans la désorganisation, dans la mort?... Ce serait une bien folle espérance et si, pour se faire illusion, pour oublier ses malheurs, il l'accepte, il peut se voiler la face et effacer son nom..... Il n'est plus : son génie est éteint!

Le mal, il est vrai, n'a pas encore chez nous les indices mortels qui distinguent les maux incurables, mais il s'empreint des symptômes les plus funestes et les plus redoutables. S'il est exact que, à part les ambitieux et leurs stipendiés, il y a dans tous les partis plus d'égarés, plus de dupes, plus d'ignorants en la matière et plus d'indifférents qui suivent constamment le courant des révolutions, que d'esprits sérieusement convaincus, il faut reconnaître aussi que la politique se popularisant tend à affermir et à fortifier davantage chaque parti en les rendant, par cela même, plus méchants, plus dangereux et plus terribles. Or, je vous le demande, quel cataclysme s'abattrait sur la France si, dans un moment de rage désespérée (préparée et provoquée par une initiative occulte comme on l'a vu à Paris), les partis levaient l'étendard [de la révolte dans toutes les provinces à la fois! Cette pensée épouvante et terrifie, après ce qu'on sait du drame de Paris, et c'est pourtant ce que nous avons le plus à redouter si les doctrines utopistes de la philosophie allemande continuent à se développer et à se propager sous forme d'esprit de parti.

Sous l'influence de l'esprit politique et de la légèreté qui nous caractérise, nous ne sentons pas l'énormité de nos fautes; nous déplorons parfois la situation précaire qui est faite au gouvernement, et c'est nous-mêmes qui faisons tout pour la lui rendre plus difficile. Ainsi, nous acceptons un candidat à la représentation nationale, non parce qu'il a des aptitudes, des connaissances et de l'expérience dans les choses utiles, mais seulement parce qu'il est ou légitimiste, ou républicain, ou impérialiste, ou orléaniste, quelles que soient du reste ses capacités. Qu'il ait de l'esprit de parti et qu'il agite les esprits, qu'il fasse de l'opposition et qu'il pousse au mécontentement, on est satisfait. Il semble que nous éprouvions une joie secrète à voir le gouvernement dans l'embarras, comme si la stabilité du gouvernement n'était pas en même temps la stabilité de notre bien-être!

Cette inconséquence est d'autant plus affligeante et maladroite qu'elle encourage des compétitions politiques qui, en excitant au désordre et aux perturbations, déshonorent tout à la fois l'électeur, l'élu et l'Assemblée, c'est-à-dire la France.

N'est-il pas dérisoire, en effet, qu'une nation qui se proclame la première du monde soit tiraillée par quatre courants d'idées contradictoires comme une insensée, et divisée en quatre camps ennemis qui ne s'entendent que pour se contrarier, s'apostropher et parfois même pour s'outrager?

Puisque l'esprit de parti fait notre honte, nos divisions et nos malheurs, il est évident qu'en détruisant les partis politiques on opère tout d'un coup l'unité nationale en même temps qu'on lui donne la dignité, la stabilité, la grandeur et le génie qui conviennent à une grande nation.

Les partis politiques n'ayant de force que parce qu'ils représentent et défendent certains intérêts, il suffira que ces intérêts soient convenablement représentés et protégés, c'est-à-dire qu'ils aient leur place à la législature, pour que l'esprit politique s'évanouisse de lui-même.

Que faut-il faire pour obtenir ce résultat inespéré?

Une chose bien simple : substituer au mode de gouvernement politique actuel un régime économiste et pratique, surtout en ce qui concerne la représentation nationale.

En effet, quiconque examine sérieusement le système actuel de représentation, se convainc que cette représentation est purement illusoire et que, partant, les intéressés n'étant pas satisfaits ne cessent de se plaindre du gouvernement.

La majorité des représentants d'aujourd'hui n'étant que des avocats, des écrivains, des rentiers, des généraux, etc., etc., quelles aptitudes peuvent-ils avoir à défendre les intérêts si complexes de leurs mandants? L'éducation qu'ils ont reçue ne s'oppose-t-elle pas à ce qu'ils connaissent les avantages et les désavantages qui favorisent et défavorisent tels arts, telles industries, tel commerce, tel genre de travail? Ne sont-ils pas incapables, par leur genre d'éducation, à faire de bonnes lois se rattachant à ces arts, à ces industries, au commerce, au travail?

Comment admettre qu'un général, par exemple, puisse distinguer les lois les plus favorables à l'industrie, s'il ignore les bases, l'organisation, les développements et les difficultés inhérentes aux arts professionnels, mécaniques et manufacturiers?

Comment admettre qu'un écrivain, qui ne s'occupe que de littérature, discerne les lois les plus avantageuses à l'agriculture, s'il ne connaît pas à fond les bases essentielles de l'économie rurale?

Et ces vérités perdent-elles de leur force lorsqu'il s'agit de lois militaires, de marine, d'instruction publique, etc., lois qui sont votées par des députés tout à fait étrangers à ces importantes questions?

Les représentants, d'après le régime actuel, étant incapables de connaître tous les intérêts et tous les besoins de leurs mandants, doivent forcément s'en rapporter à ce qu'on leur dit et aident ainsi, par leur vote, à la création d'une loi, sans en comprendre l'esprit et les conséquences.

De là naît, pour ce député incapable, la nécessité d'embrasser une doctrine politique afin de voiler son ignorance et son incapacité.

Cette insuffisance, si préjudiciable aux mandants, disparaît par la substitution du député spécialiste au député politique.

La législation touche de trop près aux intérêts généraux d'une nation pour qu'on puisse admettre honnêtement que des connaissances superficielles incomplètes, confuses ou douteuses suffisent, chez un peuple civilisé, à faire des lois qui, non-seulement délimitent les droits respectifs, mais qui encore établissent leur légitimité.

Quand les candidats auront compris les connaissances spéciales qu'exige leur mandat, on verra les hommes qui se voueront au bien public étudier profondément les intérêts qu'ils voudront représenter et devenir par cela même de véritables spécialistes, de véritables représentants.

Il y a donc un avantage majeur à ce que les intéressés soient représentés par des mandataires compétents, initiés à leurs professions, sachant leurs besoins, et, en un mot, résumant par leurs connaissances pratiques les intérêts généraux de leurs mandants.

De là naît la nécessité d'opérer les élections par catégories et de remplacer le candidat politico-officieux par le candidat spécialiste.

Au lieu de voter en bloc pour des candidats qui n'ont d'autre mérite que leur faconde et leurs passions politiques, on voterait pour le candidat capable de représenter nos intérêts. Par la même raison, les électeurs, au lieu d'être inscrits en bloc sur les listes électorales, le seraient par sections ainsi spécifiées, par exemple :

Agriculteurs,
Ouvriers,
Fabricants et Industriels,
Commerçants,
Instituteurs et Savants.

Cette section, ne comportant pas les complications des sections précédentes, serait suffisamment représentée, je crois, en élisant un représentant par académie. Auraient le droit de voter dans cette section, les membres de l'académie, les membres des Sociétés savantes, et tous les membres de l'enseignement.

Magistrats judiciaires, Officiers publics.

Même observation que pour la section précédente, avec cette différence que la circonscription de chaque cour d'appel formerait un canton électoral. Auraient le droit de voter dans cette circonscription : les présidents de tribunaux et de cours, les juges, les conseillers, les procureurs, greffiers, huissiers, avocats, avoués et notaires.

Ecclésiastiques.

Même observation. Auraient le droit de voter dans cette section les prélats, les prêtres, les pasteurs et les rabbins.

Marins.

Même observation. Auraient le droit de voter dans cette section tous les marins inscrits.

Militaires,

Même observation. Auraient le droit de voter dans cette section les sous-officiers et officiers de tous grades. Les soldats étant incapables d'apprécier le candidat possédant le plus de science et de capacité dans leur art.

Les cinq premières sections éliraient un représentant par département, et ces représentants (comme ceux des autres sections), réunis en assemblée par section, deviendraient le Consulat de leurs mandants.

C'est à ce Consulat que les réclamations et pétitions des mandants seraient adressées, examinées et discutées, et qu'il y serait fait droit ou qu'elles seraient rejetées, selon leur opportunité d'utilité générale ou leur manque de justesse.

Les représentants de chaque section éliraient leur président, qui serait de fait le ministre correspondant à sa section.

Ainsi, le président de la section des agriculteurs, deviendrait le ministre de l'Agriculture.

Le président de la section des ouvriers, le ministre du Travail.

Le président de la section des fabricants et industriels, le ministre de l'Industrie.

Le président de la section des commerçants, le ministre du Commerce.

Le président de la section des instituteurs et savants, le ministre de l'Instruction publique.

Le président de la section des magistrats judiciaires et officiers publics, le ministre de la Justice.

Le président de la section des ecclésiastiques, le ministre des Cultes.

Le président de la section des marins, le ministre de la Marine.

Le président de la section des militaires, le ministre de la Guerre, ou mieux des Armées.

Les ministres de l'Intérieur, des Finances et des Affaires étrangères, ne dépendant d'aucun intérêt spécial, seraient *Ministres d'État,* et pourraient être nommés indifféremment, par l'Assemblée ou par le souverain.

Par cette combinaison, nous aurions une représentation pratique, qui, au lieu de faire de la politique stérile et séditieuse, n'aurait pour mission, et ne pourrait s'occuper que des intérêts de ses mandants.

Au lieu d'une loi préparée dans les bureaux d'un ministère, par des agents, dont la capacité est fatalement limitée, insuffisante, et souvent même douteuse, et qui, ensuite, est discutée, adoptée et votée par des représentants, qui, pour la plupart, n'y entendent rien du tout, on aurait cette même loi, préparée par des représentants parfaitement initiés à l'économie de la loi, et, chose non moins inestimable, cette même loi serait discutée, adoptée et votée par des hommes, dont les connaissances pratiques, convergeant vers le même but, ne pourraient que lui donner les caractères de dignité, d'équité et d'utilité, qui distinguent les bonnes lois.

Au lieu de quelques rares représentants, plus ou moins initiés à la nature d'une loi, plus ou moins capables de l'harmoniser avec les nécessités de ceux pour lesquels cette loi est destinée, on aurait une légion de spécialistes, dont les connaissances intimes, leur permettraient de conditionner la loi selon les exigences de la matière, faisant ainsi triompher les intérêts de leurs mandants.

Pour toute la nation, il y aurait donc un bénéfice considérable à ce qu'il y eût une représentation spécialiste.

En effet, grâce au concours multiple de tant de capacités réunies, quels bienfaits la représentation spéciale répandrait sur la prospérité nationale !

Quelle simplification et quelle accélération dans le fonctionnement de la machine gouvernementale !

Enfin, quel beau gouvernement nous donnerait ce régime !

Au lieu d'incapacités et d'inaptitudes préjudiciables parvenues aux ministères par la platitude, les bassesses, les flatteries et les brigues, nous aurions la capacité vraie, solide, resplendissante, élue et consacrée par les premières intelligences du pays.

Au lieu d'hommes irresponsables, dont on a à redouter l'ignorance, l'ineptie et l'incapacité, on aura de vrais ministres, de vrais praticiens, de vrais savants, dans leur spécialité, dont les connaissances profondes leur permettront d'accepter la responsabilité de leurs actes.

Partant plus d'abus, plus d'errements, plus d'inquiétudes, plus de terreurs, plus de contre-coups ruineux ! Partout la règle, partout l'harmonie, partout la capacité, partout la supériorité, partout la vraie grandeur !

Sans rivale dans l'univers par son organisation politique, la France deviendra par son propre génie, la première nation du monde.

Et sous l'égide d'une organisation aussi puissante quel Français ne serait pas heureux et fier d'obéir, de soutenir et de respecter un gouvernement qui lui imprimerait, en quelque sorte, le reflet glorieux de sa grandeur et de sa suprématie !

La réunion des sections serait d'abord particulière et préparatoire ; chaque section élaborerait, dans ces réunions préparatoires, les lois afférentes à ses attributs, pour ensuite les soumettre, en assemblée générale, à une révision s'il y avait lieu. La révision porterait sur ce que le projet de loi aurait de contraire aux intérêts des autres sections et à l'autorité du souverain.

Voilà, dans sa simplicité, un perfectionnement inestimable.

L'application de ce régime sera si bienfaisante, en effet, qu'elle détruira jusque dans ses fondements, l'attitude anarchique de nos assemblées. Certes, ce ne sera pas peu de chose ; au lieu d'être divisées en coteries séditieuses, ¡qualifiées par *l'extrême droite,* — *la droite,* — *le centre droit,* — *le centre gauche,* — *la gauche,* — *et l'extrême gauche,* on y verrait avec joie et confiance la France utile, personnifiée par les sections de l'Agriculture, du Travail, de l'Industrie, du Commerce, de l'Instruction publique, de la Justice, des Cultes, des Armées, et de la Marine, c'est-à-dire par tout ce qui fait la prospérité et la suprématie d'une nation.

Comme conséquence naturelle de ce système, nous aurons l'ordre à la place de l'anarchie ; l'unité à la place de la division ; la concorde à la place de la discorde ; la majesté à la place du ridicule.

Ce régime n'aurait-il d'autre résultat que d'expulser les passions politiques du sanctuaire de la loi, que ce service seul l'élèverait à la hauteur d'un bienfait. Mais ses conséquences salutaires ne se bornent pas là.

La supériorité de ce système sur tous les systèmes connus consiste surtout en ce qu'il délivre le souverain de la nécessité de s'ingérer dans la gestion des intérêts particuliers *et de l'opposition politique qui en est la conséquence.*

Ainsi, les agriculteurs, les ouvriers, les fabricants, les commerçants, qui ont murmuré tant de fois contre les gouvernements, n'auront plus de motifs de se plaindre du gouvernement existant constitué d'après mon régime. Ayant des représentants directs, c'est à ces derniers qu'ils devront présenter leurs réclamations et leurs plaintes.

La loi devra être formelle sur ce point.

Ce régime dépouille, il est vrai, le souverain du privilége de faire des contents et des mécontents, en s'ingérant dans les intérêts spéciaux, mais comme il grandit la souveraineté !

Comme il la rend auguste, majestueuse, immuable ! Comme il la rend inaccessible aux révoltes et aux révolutions !

Que demandent avant tout l'agriculteur, l'ouvrier, le fabricant, le commerçant, etc., etc. ? C'est que les besoins inhérents à leur profession soient satisfaits; c'est que leurs intérêts soient représentés, défendus, protégés; c'est qu'enfin les lois qui régissent leur condition s'harmonisent avec les nécessités mêmes de cette condition.

Qu'on les satisfasse sous ce rapport, et la politique et l'esprit de parti n'ont plus de signification pour eux.

Voilà ce dont il faut bien se pénétrer.

Cette concession, équitable et juste, du reste, leur étant accordée par une représentation directe à la législation, quels motifs auraient-ils de se plaindre du souverain, quel qu'il fût, puisque le souverain, ennoblissant son rôle, se bornerait à faire exécuter la loi (¹)? Cette concession étant faite, quelle peut être la raison et la portée de l'opposition politique? Car, sur quoi se baserait-elle, si le souverain se dégageait de toute influence politique dans les intérêts spéciaux ?

D'ailleurs, comme garantie de sécurité, cette concession devra être compensée par un article spécifique de la constitution ainsi formulé, par exemple :

(¹) Cette simplification des priviléges souverains va paraître révolutionnaire à bien des gens. Point n'est besoin d'accuser un innocent. Depuis que ceci est écrit, j'ai eu occasion de lire une œuvre élaborée en plein régime féodal pour un prince qui devait être roi absolu, et écrite par le prêtre le plus sage probablement de toute la catholicité, Fénelon, qui contient ce passage synonyme. Il y est dit en parlant du roi : « N'a-t-il pas assez de gloire à faire garder les lois ? » (*Aventures de Télémaque*, liv. XXIV, al. 16.)

Malgré ses sages et nombreux conseils aux rois, on n'accusera peut-être pas Fénelon de révolutionnaire? S'il l'était, qui ne le serait pas? J'ai cité Fénelon afin que personne ne pût mettre en suspicion mes idées conciliatrices.

« Quiconque, par ses écrits ou ses paroles, propagera des *théories contraires à l'économie du travail*, sera considéré comme malfaiteur et, comme tel, expulsé du territoire français ou déporté dans les pénitentiers coloniaux selon le caractère et le degré pernicieux de ses idées. »

Par cette mesure, l'ordre n'aura plus rien à redouter : il sera organisé, établi, assuré.

Comme conséquence, les utopistes pourront plier bagages et s'en aller sous des cieux plus cléments !

Débarrassés des malheureux qui veulent régénérer la société en la dissolvant et la désorganisant, n'est-il pas certain que nous aurons un gouvernement *plus stable* que ceux de l'Angleterre et de l'Amérique même, qui pourtant paraissent bien consolidés, mais chez lesquels la représentation, reposant sur des principes politiques et non sur la gestion spéciale des intérêts, peuvent, dans un moment imprévu, être renversés par la conflagration des partis?

Qui pourrait prouver qu'en haine des Torys, les Whigs n'établiront pas la république en Angleterre, et qu'en haine des républicains les démocrates n'institueront pas la monarchie en Amérique?

Il ne faudrait pas comprendre la haine politique pour croire que cela fût impossible.

Or, que la solidité gouvernementale de ces deux pays s'affaisse sous une révolution, et leur ruine est irrévocable, parce que les passions politiques étant plus ardentes que chez nous, leur explosion ferait l'effet d'un cataclysme.

Mais, quoique nous n'ayons pas, heureusement! l'enthousiasme spontané des Anglais et des Américains, il nous est impossible de nous maintenir dans la situation politique où nous vivons sans marcher à notre ruine totale. Et cela s'explique aisément : les partis étant beaucoup plus nombreux chez nous que dans ces deux États, l'extrême division qui s'ensuit entraine naturellement plus de motifs anarchiques et d'occasions révolutionnaires.

Au-dessus de ces considérations du plus haut intérêt, il en est une autre qui semble les dominer toutes : c'est l'impuissance redoutable qu'imprime à la nation l'existence des partis.

Qu'une guerre inévitable survienne dans ces conditions de division. N'est-ce pas en vain qu'on réclamera le concours loyal, sincère et dévoué des partis qui ne règnent pas?

Les partis n'ont pas d'âme. Voulant gouverner à leur tour, ils guetteront le moment où le gouvernement sera affaibli par les péripéties militaires pour le renverser.

Sous l'influence du bouleversement que cause un changement de gouvernement, la nation se désorganise et tombe du même coup dans deux guets-apens inénarrables : dans celui des ennemis du dehors qui la dévorent sous leurs pas, et dans celui des partis qui, voulant tous la dominer, s'en disputent les lambeaux!

Et dire qu'une pareille énormité se commet au nom de la patrie! Il faut qu'ils soient ben infâmes les partis pour cacher sous les apparences du patriotisme le côté hideux de leur ambition!

Une telle perspective met donc le gouvernement dans la nécessité ou d'accepter ignoblement les humiliations que l'étranger pourrait lui infliger, dépouillant ainsi la nation de toute dignité, ou de risquer la guerre en risquant son existence.

Sous ce rapport, on le voit également, l'existence des partis est dangereuse au plus haut degré.

Les partis étant absorbés par mon régime, la situation change de fond en comble. Au lieu d'une nation démembrée moralement par la politique; au lieu de partis occupés à se jalouser, à se décrier, à se calomnier et à se diffamer, et au besoin à en venir aux armes ou à commettre de traîtres lâchetés devant l'ennemi; au lieu d'un peuple vaincu de fait par ses divisions, nous serions un peuple uni, puissant, formidable, qui, par un effort énergique, serait capable de broyer ses ennemis ou tout au moins de les chasser du sol de la patrie.

Dépouillé de l'esprit de parti, quel serait le Français qui, au moment du danger, ne se sentirait pas électrisé par l'honneur civique, animé par l'amour de la patrie, de ses lois de ses institutions, de son ciel, de ses libertés? Il n'y en aurait aucun, j'en suis persuadé, à moins qu'il n'eût pas d'âme.

Peut-on espérer ce concours universel d'efforts avec l'existence des partis? Peut-on croire que les monarchistes lutteront pour défendre et faire triompher la république, et que les républicains se sacrifieront pour maintenir et consolider la monarchie?

Cette espérance, si elle se produisait, serait une illusion d'utopiste.

Arrivé au terme de ma proposition, je puis donc dire avec vérité : l'existence de gouvernements politiques est la preuve la plus évidente de l'imperfection de notre civilisation, puisqu'à l'intérieur ils conduisent à la guerre civile, et à l'extérieur à la guerre entre les peuples.

Je me résume. Pour que la France puisse sortir de l'abîme dans lequel elle est tombée, il est indispensable d'effacer toute trace d'opposition politique dans l'Assemblée, parce que l'opposition politique dans l'Assemblée fait l'opposition politique dans la presse, et que l'opposition politique dans la presse fait l'opposition politique dans le peuple. C'est un enchaînement inévitable de conséquences anarchiques.

Quant au principe politique du gouvernement à préférer, il serait injuste d'en parler ici. C'est à la France à consulter sa sagesse et à faire ce choix. Une proposition de conciliation de cette nature doit être dégagée de toute compétition politique, et être absolument étrangère à une préférence, afin que les partis, également inspirés par le désintéressement, le civisme et l'amour de la patrie, se donnent cordialement la main pour concourir au salut de la nation et oublient les querelles ridicules du passé pour lui rendre sa prospérité et sa prépondérance. On ne peut être patriote qu'à cette condition.

Assez longtemps la patrie a servi de marchepied aux ambitions.

Au reste, la représentation nationale étant organisée sur les bases que j'ai indiquées, l'esprit de parti tombe de lui-même, l'opposition systématique qui nous a valu tant de désastres est ruinée jusque dans ses fondements, les partis n'ont plus de drapeau et les théories subversives n'ont plus de nom.

L'anarchie a régné !

Délivrés de ces entraves, LE DROIT, LA JUSTICE, L'HONNÊTETÉ, LA RECTITUDE président aux destinées du pays, la stabilité le fortifie, la sécurité le rend prospère, l'instruction l'ennoblit, la science le couvre de gloire (¹), et la Paix, la bienfaisante Paix, semblable à une fée, répand le bien-être dans tous les foyers, la morale dans tous les esprits, l'espérance et le courage dans toutes les âmes.

L'heure de la régénération est venue, la France va être heureuse !

(¹) Paris est, sans conteste, le berceau de la science. A ce titre il s'est acquis une gloire impérissable à laquelle on ne peut impunément toucher. Il convient donc de lui rendre le prestige qui reflétait sa splendeur sur l'univers entier en lui rendant son titre de capitale. On le doit, il le faut. Ranimé par cet acte de justice, amélioré par ses propres malheurs et apaisé par une représentation perfectionnée, il condamnera et repoussera avec horreur les idées hideuses et sinistres que nos ennemis lui avaient inculquées pour reprendre de sa main glorieuse le flambeau divin de la civilisation.

www.ingramcontent.com/pod-product-compliance
Lightning Source LLC
Chambersburg PA
CBHW051201050726

47594CB00007B/2996